Impressum
Verlag: BABADADA GmbH, Nedderfeld 112 , 22529 Hamburg
Geschäftsführer / Verlagsleitung: Harald Hof
Druck: Books on Demand GmbH, In de Tarpen 42, 22848 Norderstedt

Imprint
Publisher: BABADADA GmbH, Nedderfeld 112 , 22529 Hamburg, Germany
Managing Director / Publishing direction: Harald Hof
Print: Books on Demand GmbH, In de Tarpen 42, 22848 Norderstedt, Germany

sekolah
škola

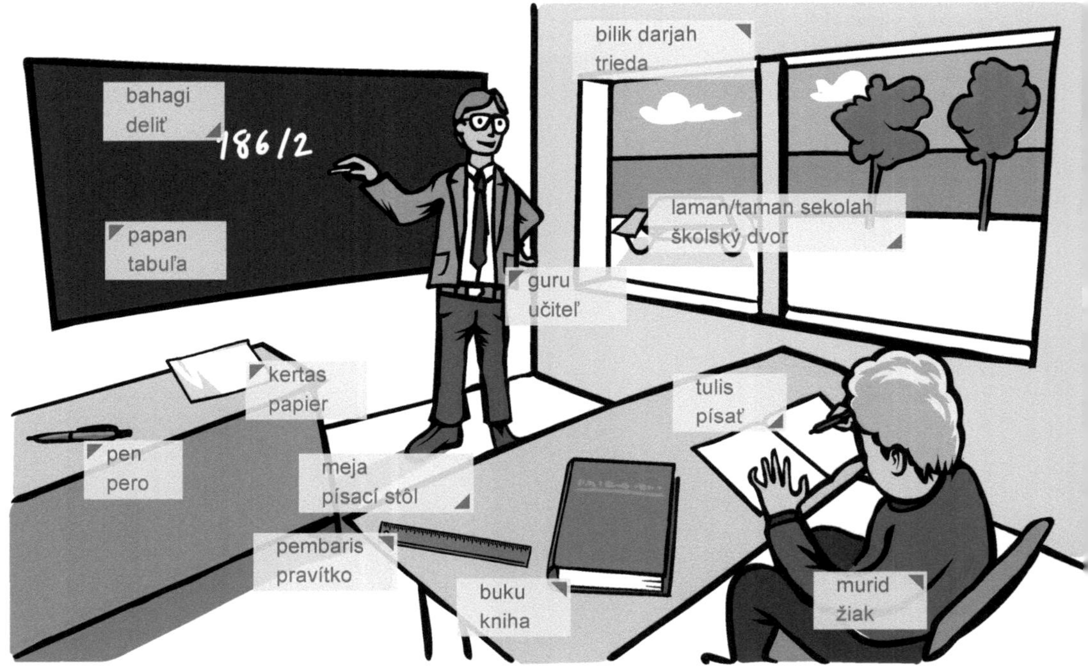

bilik darjah
trieda
bahagi
deliť
186/2
papan
tabuľa
laman/taman sekolah
školský dvor
guru
učiteľ
kertas
papier
tulis
písať
pen
pero
meja
písací stôl
pembaris
pravítko
buku
kniha
murid
žiak

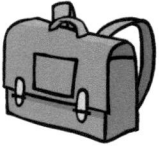

beg galas

školská taška

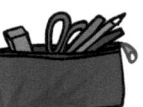

kotak pensel

peračník

pensel

ceruza

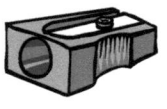

pengasah pensel

strúhadlo na ceruzky

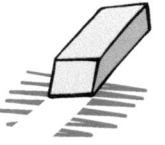

pemadam

guma

kertas lukisan

skicár

melukis

kresba

berus lukis

štetec

kotak warna

vodové farby

gunting

nožnice

gam

lepidlo

buku latihan

cvičný zošit

kerja rumah

domáca úloha

nombor

číslo

tambah

sčítať

tolak

odčítať

darab

násobiť

kira

počítať

huruf

písmeno

abjad

abeceda

kata

slovo

teks

text

baca

čítať

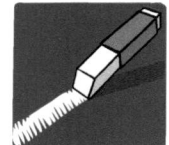

kapur

krieda

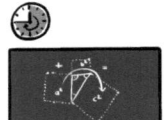

pelajaran

hodina

daftar

triedna kniha

peperiksaan

skúška

sijil

certifikát

uniform sekolah

školská uniforma

pendidikan

vzdelanie

ensiklopedia

encyklopédia

universiti

univerzita

mikroskop

mikroskop

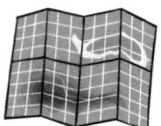

peta

mapa

bakul sampah

kôš na papier

hotel
hotel

Grand

asrama
nocľaháreň

ROOMS

pejabat tukaran mata wang
zmenáreň

EXCHANGE

beg pakaian
kufor

kereta
auto

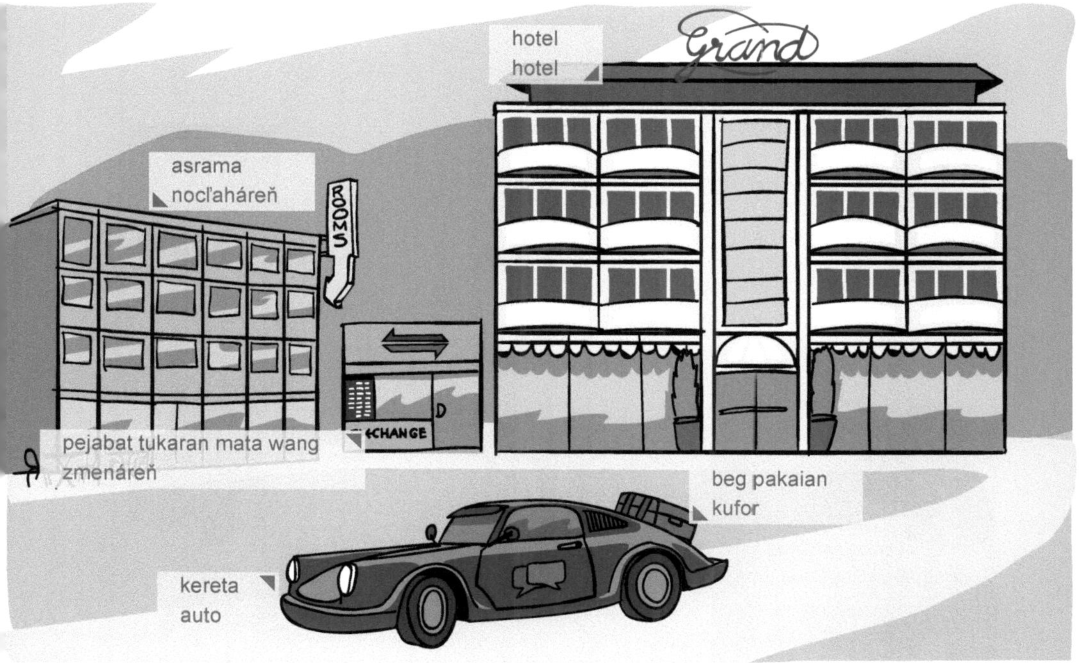

bahasa

jazyk

ya / tidak

áno/nie

okey

v poriadku

helo

ahoj

penterjemah

prekladateľ

Terima kasih

ďakujem

berapa banyak…?

Koľko stojí … ?

saya tidak faham

Nerozumiem

masalah

problém

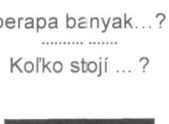

Selamat petang!

Dobrý večer!

Selamat Pagi!

Dobré ráno!

Selamat Malam!

Dobrú noc!

selamat tinggal

Dovidenia

arah

smer

bagasi

batožina

beg

taška

beg galas

batoh

tetamu

hosť

bilik tidur

izba

beg tidur

spacák

khemah

stan

maklumat pelancong

informácie pre turistov

pantai

pláž

kad kredit

kreditná karta

sarapan

raňajky

makan tengah hari

obed

makan malam

večera

tiket

cestovný lístok

lif

výťah

setem

poštová známka

sempadan

hranica

kastam

clo

kedutaan

veľvyslanectvo

visa

vízum

pasport

cestovný pas

pengangkutan
doprava

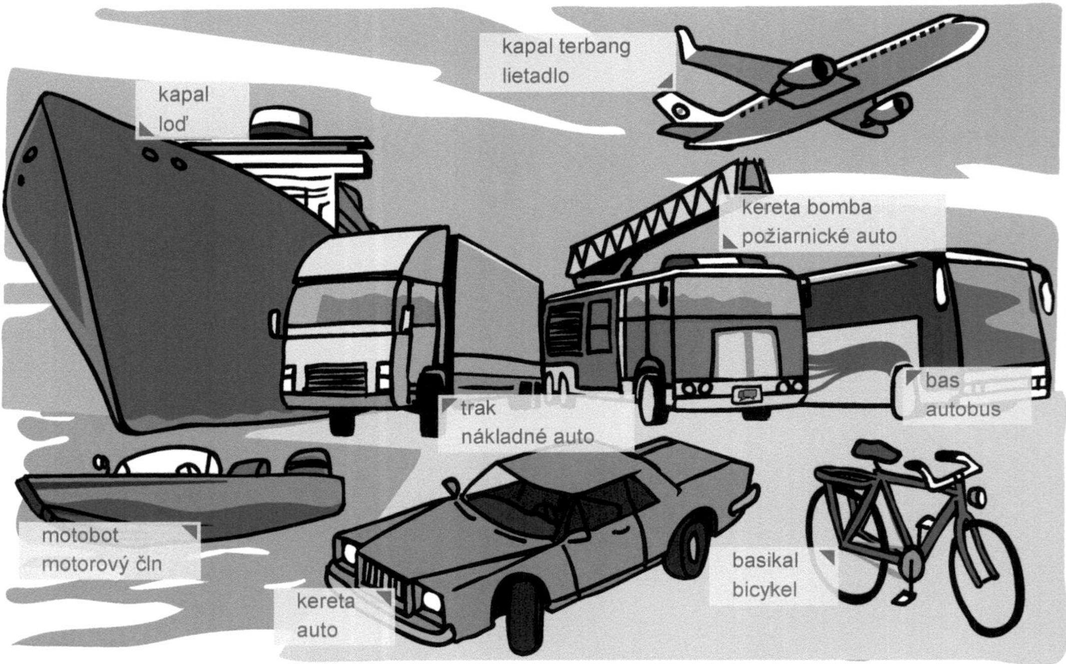
kapal terbang
lietadlo
kapal
loď
kereta bomba
požiarnické auto
bas
autobus
trak
nákladné auto
motobot
motorový čln
basikal
bicykel
kereta
auto

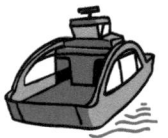

feri

trajekt

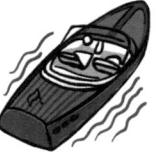

bot

loď

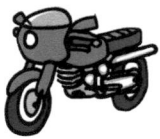

motosikal

motorka

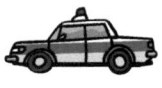

kereta polis

policajné auto

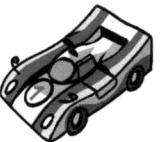

kereta lumba

pretekárske auto

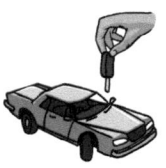

kereta sewa

vozidlo z požičovne

berkongsi kereta
carsharing

trak tunda
odťahové auto

trak menolak
smetiarske auto

motor
motor

bahan api
benzín

stesen minyak
čerpacia stanica

tanda trafik
dopravná značka

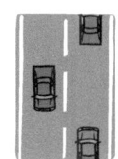

trafik
premávka

kesesakan lalu lintas
zápcha

tempat parkir
parkovisko

stesen kereta api
vlaková stanica

trek
trate

kereta api
vlak

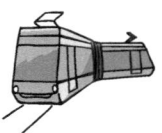

trem
električka

gerabak
vagón

helikopter

helikoptéra

lapangan terbang

letisko

Menara

veža

penumpang

pasažier

bekas

kontajner

kadbod

kartón

kart

vozík

bakul

kôš

berlepas / mendarat

štartovať / pristáť

bandar

mesto

kampung

dedina

pusat bandar

centrum mesta

rumah

dom

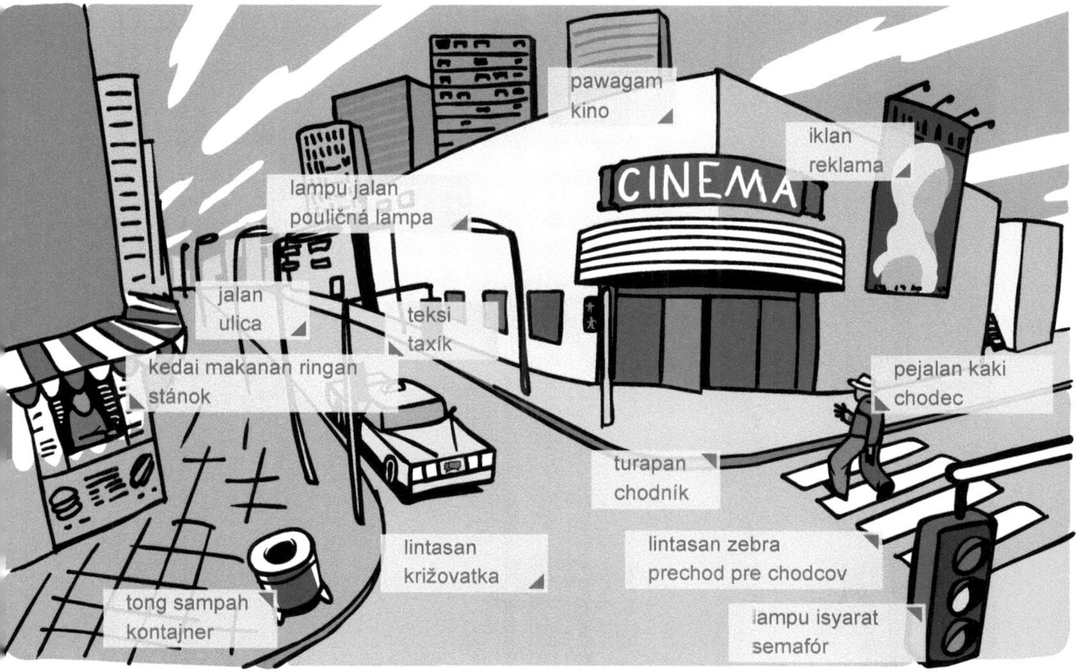

pawagam
kino

iklan
reklama

lampu jalan
pouličná lampa

CINEMA

jalan
ulica

teksi
taxík

kedai makanan ringan
stánok

pejalan kaki
chodec

turapan
chodník

lintasan
križovatka

lintasan zebra
prechod pre chodcov

tong sampah
kontajner

lampu isyarat
semafór

pondok
chata

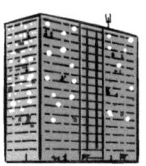

flat
byt

stesen kereta api
vlaková stanica

dewan bandar
radnica

muzium
múzeum

sekolah
škola

universiti

univerzita

bank

banka

hospital

nemocnica

hotel

hotel

farmasi

lekáreň

pejabat

kancelária

kedai buku

kníhkupectvo

kedai

obchod

kedai bunga

kvetinárstvo

pasar raya

supermarket

pasaran

trh

gedung

obchodný dom

penjual ikan

obchodník s rybami

pusat membeli-belah

nákupné stredisko

pelabuhan

prístav

taman

park

bangku

lavička

jambatan

most

tangga

schody

bawah tanah

metro

terowong

tunel

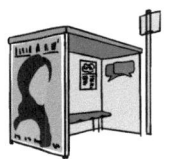

hentian bas

autobusová zastávka

bar

bar

restoran

reštaurácia

peti surat

poštová schránka

papan tanda jalan

tabuľa s názvom ulice

meter parkir

parkovacie hodiny

zoo

ZOO

kolam renang

plaváreň

masjid

mešita

ladang

farma

pencemaran

znečisťovanie životného
prostredia

tanah perkuburan

cintorín

gereja

kostol

taman permainan

ihrisko

kuil

chrám

landskap
terén

daun
list

tiang tanda
smerová tabuľa

jalan
cesta

padang rumput
lúka

batu
kameň

pokok
strom

pejalan kaki
turista

sungai
rieka

rumput
tráva

bunga
kvet

lembah

dolina

bukit

kopec

tasik

jazero

hutan

les

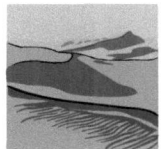

padang pasir

púšť

gunung berapi

vulkán

istana

zámok

pelangi

dúha

cendawan

hríb

pokok kelapa sawit

palma

nyamuk

komár

terbang

mucha

semut

mravec

lebah

včela

labah-labah

pavúk

kumbang

chrobák

katak

žaba

tupai

veverička

landak

jež

arnab

zajac

burung hantu

sova

burung

vták

angsa

labuť

babi jantan

diviak

rusa

jeleň

moose

los

empangan

hrádza

turbin angin

veterná turbína

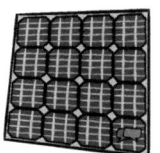

panel solar

solárny panel

iklim

podnebie

restoran
reštaurácia

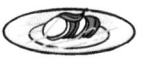

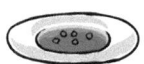

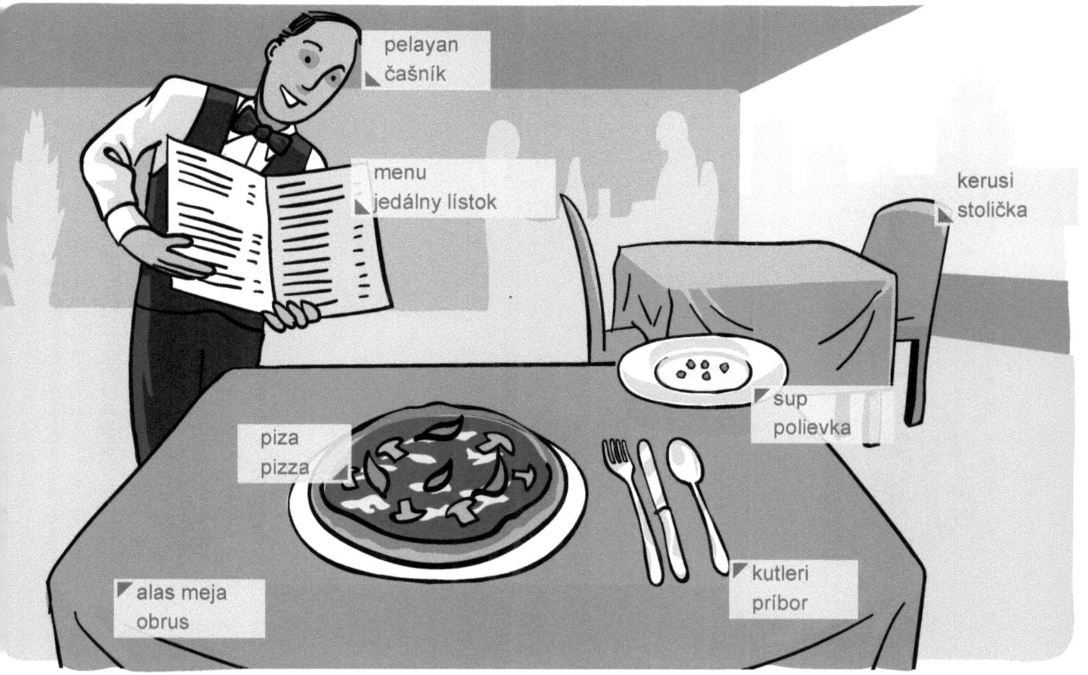
pelayan
čašník
menu
jedálny lístok
kerusi
stolička
sup
polievka
piza
pizza
alas meja
obrus
kutleri
príbor

pemula
predjedlo

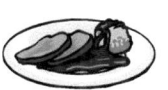

hidangan utama
hlavné jedlo

pencuci mulut
zákusok

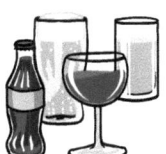

minuman
nápoje

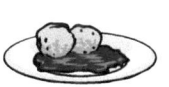

makanan
jedlo

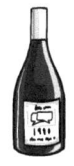

botol
fľaša

makanan segera

fast-food

makanan jalanan

street food

teko

kanvica na čaj

mangkuk gula

cukornička

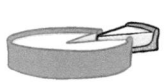

bahagian

porcia

mesin espreso

stroj na espresso

kerusi tinggi

detská stolička

bil

účet

dulang

podnos

pisau

nôž

garfu

vidlička

sudu

lyžica

sudu teh

čajová lyžička

serviette

obrúsok

gelas

pohár

restoran - reštaurácia

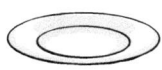

pinggan
tanier

mangkuk sup
hlboký tanier

piring
podšálka

sos
omáčka

tempat garam
soľnička

pengisar lada
mlynček na korenie

cuka
ocot

minyak
olej

rempah
korenie

sos
kečup

mustard
horčica

mayones
majonéza

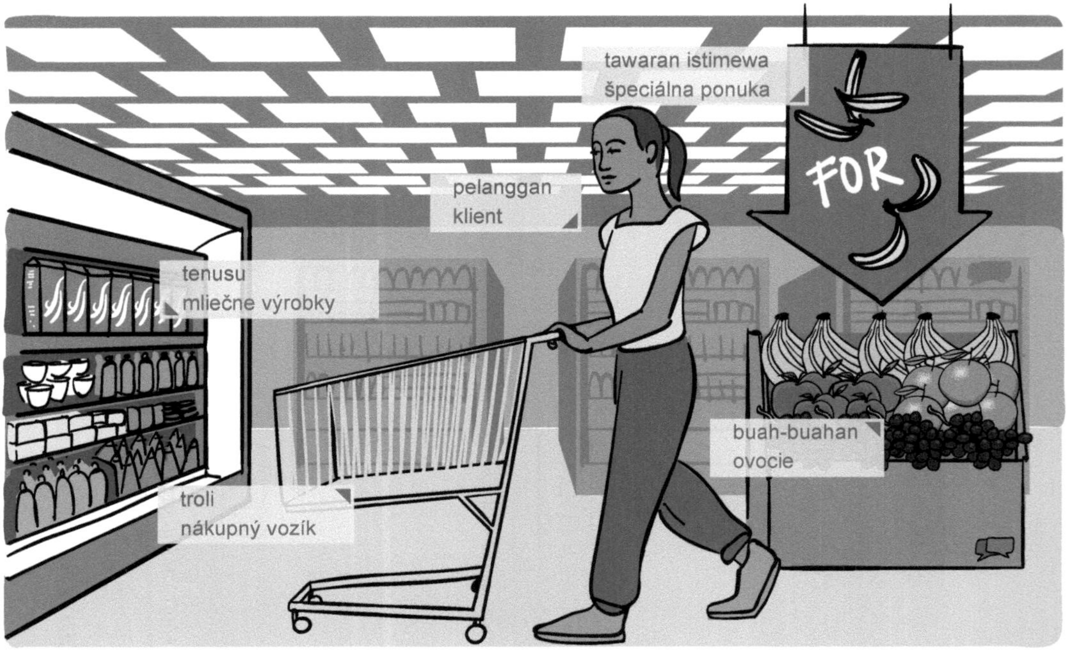

tawaran istimewa
špeciálna ponuka

pelanggan
klient

tenusu
mliečne výrobky

buah-buahan
ovocie

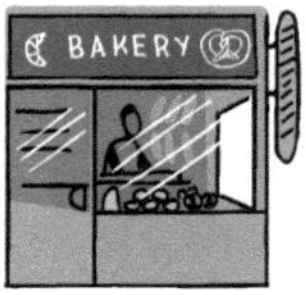

troli
nákupný vozík

FOR

tukang daging	kedai roti	berat
mäsiarstvo	pekáreň	vážiť
	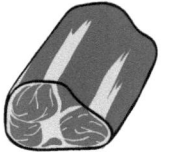	
sayur-sayuran	daging	makanan sejuk beku
zelenina	mäso	mrazené potraviny

daging sejuk
nárez

makanan dalam tin
konzervy

serbuk pencuci
prací prostriedok

gula-gula
sladkosti

produk isi rumah
domáce potreby

produk pembersihan
čistiace prostriedky

orang jualan
predavačka

daftar tunai
pokladňa

juruwang
pokladník

senarai membeli-belah
nákupný zoznam

waktu pembukaan
otváracie hodiny

beg duit
peňaženka

kad kredit
kreditná karta

beg
taška

beg plastik
plastové vrecko

ai⁻

voda

jus

džús

susu

mlieko

kola

kola

wain

víno

bir

pivo

alkohol

alkohol

koko

kakao

the

čaj

kopi

káva

espreso

espresso

kapucino

kapučíno

pisang

banán

epal

jablko

oren

pomaranč

tembikai

melón

lemon

citrón

lobak merah

mrkva

bawang putih

cesnak

buluh

bambus

bawang

cibuľa

cendawan

hríb

kacang

orechy

mi

rezance

spageti

špagety

nasi

ryža

salad

šalát

kerepek

hranolky

kentang goreng

pečené zemiaky

piza

pizza

hamburger

hamburger

sandwic

obložený chlebík

kutlet

rezeň

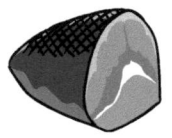

ham

šunka

salami

saláma

sosej

klobása

ayam

kurča

panggang

pečené mäso

ikan

ryba

bubur oat

ovsené vločky

muesli

müsli

emping jagung

kukuričné lupienky

tepung

múka

kroisan

croissant

roti roll

pečivo

roti

chlieb

roti bakar

hrianka

biskut

sušienky

mentega

maslo

dadih

tvaroh

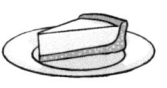

kek

koláč

telur

vajce

telur goreng

volské oko

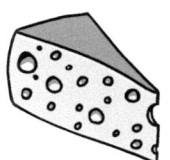

keju

syr

makanan - jedlo

ais krim

zmrzlina

gula

cukor

madu

med

jem

lekvár

krim nougat

nugátová nátierka

kari

karí korenie

makanan - jedlo

ladang
farma

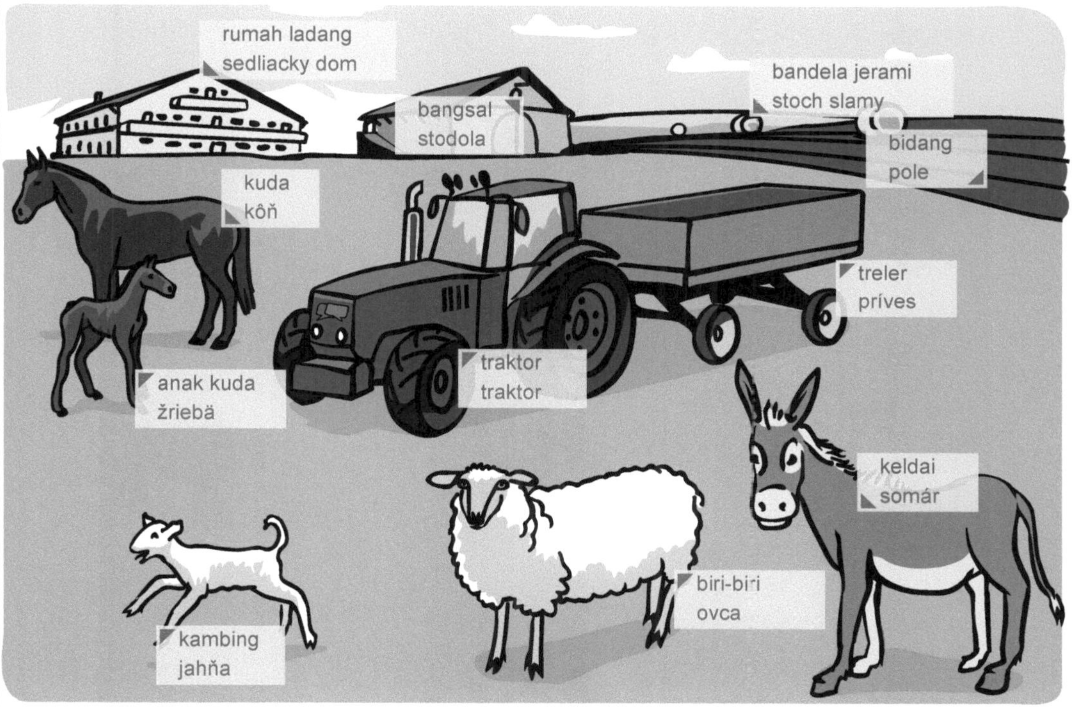

rumah ladang
sedliacky dom
bangsal
stodola
bandela jerami
stoch slamy
bidang
pole
kuda
kôň
treler
príves
traktor
traktor
anak kuda
žriebä
keldai
somár
biri-biri
ovca
kambing
jahňa

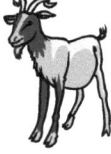

kambing

koza

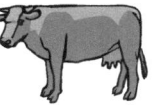

lembu

krava

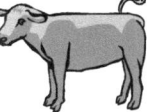

anak lembu

teľa

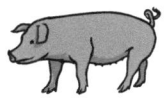

babi

prasa

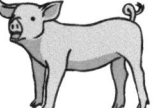

anak babi

prasiatko

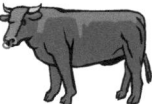

lembu

býk

angsa

hus

itik

kačica

anak ayam

kuriatko

ayam betina

sliepka

ayam jantan muda

kohút

tikus

potkan

kucing

mačka

tikus

myš

lembu jantan

vôl

anjing

pes

rumah anjing

psia búda

hos taman

záhradná hadica

bekas siraman

krhla

sabit

kosa

bajak

pluh

sabit

kosák

cangkul

motyka

serampang peladang

vidly na hnoj

kapak

sekera

kereta sorong

fúrik

palung

koryto

tin susu

kanva na mlieko

karung

vrece

pagar

plot

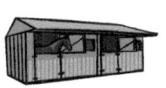

stabil

maštaľ

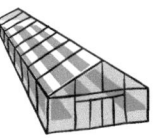

rumah hijau

skleník

tanah

pôda

benih

osivo

baja

hnojivo

jentuai

kombajn

tuai

žať

menuai

žatva

keladi

batát

gandum

pšenica

soya

sója

kentang

zemiak

jagung

kukurica

biji sawi

repka

pokok buah-buahan

ovocný strom

ubi kayu

maniok

bijirin

obilie

rumah
dom

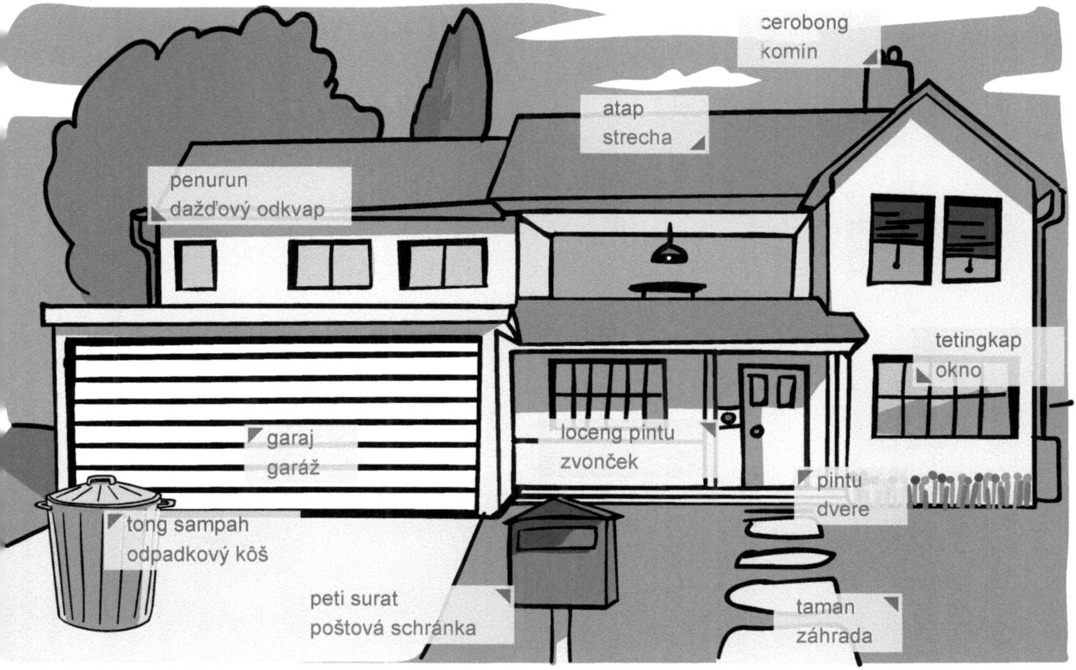

cerobong
komín
atap
strecha
penurun
dažďový odkvap
tetingkap
okno
garaj
garáž
loceng pintu
zvonček
pintu
dvere
tong sampah
odpadkový kôš
peti surat
poštová schránka
taman
záhrada

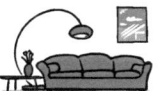

ruang tamu

obývačka

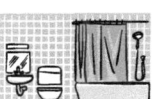

bilik air

kúpeľňa

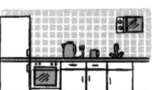

dapur

kuchyňa

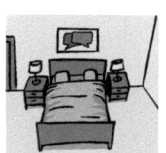

bilik tidur

spálňa

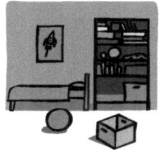

bilik kanak-kanak

detská izba

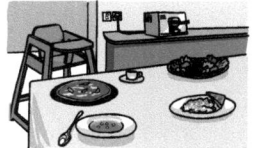

ruang makan

jedáleň

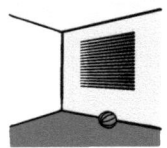

lantai
podlaha

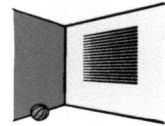

dinding
stena

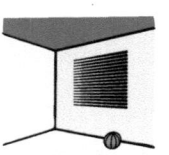

siling
strop

bilik bawah tanah
pivnica

sauna
sauna

balkoni
balkón

teres
terasa

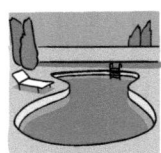

kolam renang
bazén

pemotong rumput
kosačka

lembaran
obliečka

penutup tilam
posteľná prikrývka

katil
posteľ

penyapu
metla

timba
vedro

suis
vypínač

ruang tamu
obývačka

kertas dinding
tapeta
gambar
obraz
lampu
lampa
rak
regál
kabinet
skriňa
televisyen
televízor
pendiangan
kozub
bunga
kvet
kusyen
vankúš
sofa
pohovka
pasu
váza
alat kawalan jauh
diaľkové ovládanie

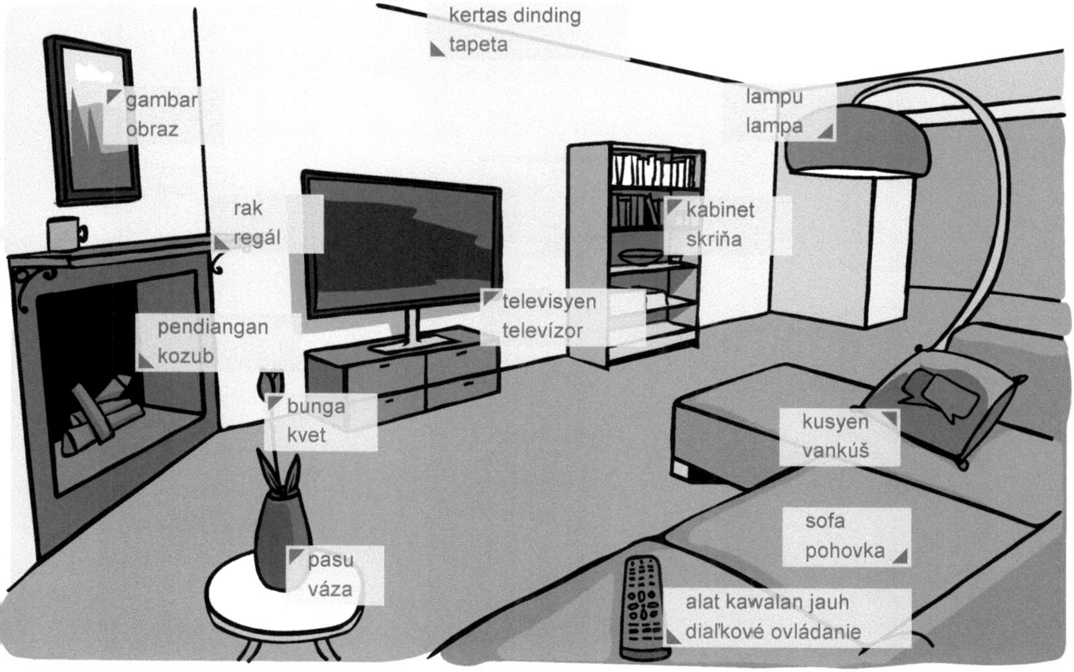

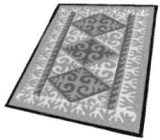

permaidani

koberec

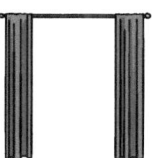

tirai

záclona

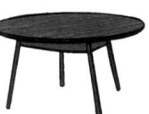

meja

stôl

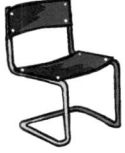

kerusi

stolička

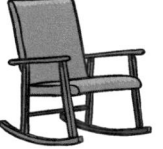

kerusi malas

hojdacie kreslo

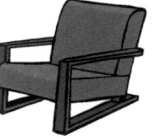

kerusi

kreslo

buku
kniha

selimut
prikrývka

hiasan
dekorácia

kayu api
drevo na kúrenie

filem
film

hi-fi
hi-fi veža

kunci
kľúč

akhbar
noviny

lukisan
maľba

poster
plagát

radio
rádio

buku catatan
zápisník

penyedut habuk
vysávač

kaktus
kaktus

lilin
sviečka

dapur
kuchyňa

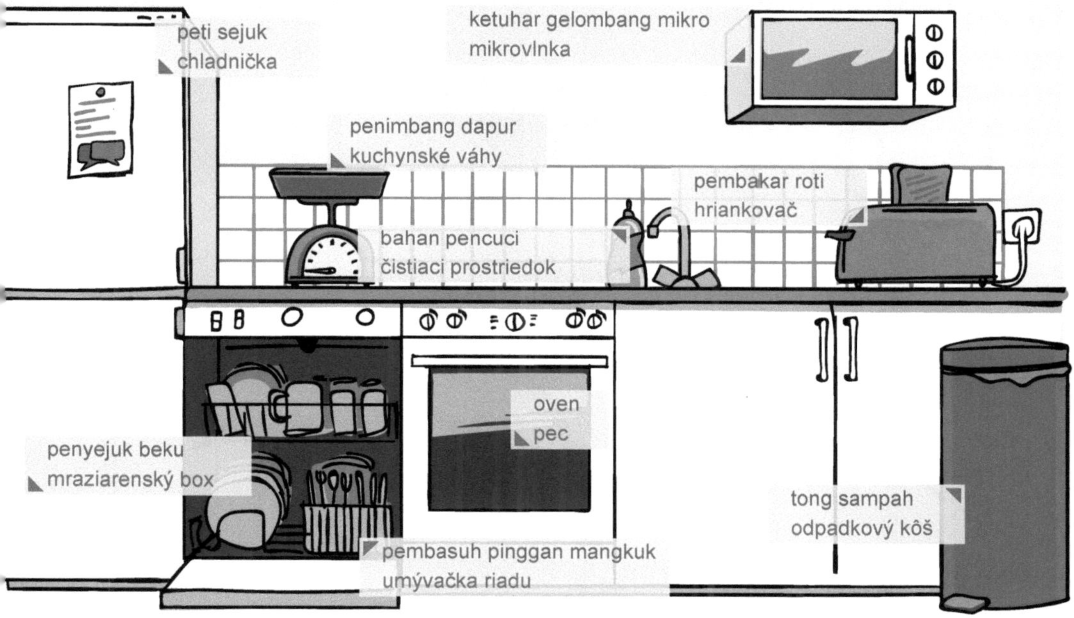

peti sejuk
chladnička
ketuhar gelombang mikro
mikrovlnka
penimbang dapur
kuchynské váhy
pembakar roti
hriankovač
bahan pencuci
čistiaci prostriedok
oven
pec
penyejuk beku
mraziarenský box
tong sampah
odpadkový kôš
pembasuh pinggan mangkuk
umývačka riadu

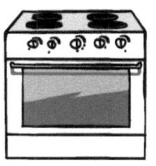

periuk dapur

sporák

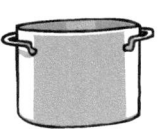

periuk

hrniec

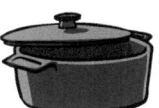

periuk besi

železný hrniec

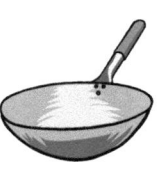

kuali

wok / kadai

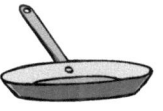

pan

panvica

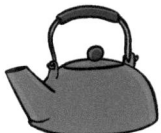

cerek

rýchlovarná kanvica

pengukus

parný hrniec

dulang pembakar

plech na pečenie

pinggan mangkuk

riad

koleh

pohár

mangkuk

misa

penyepit

paličky

senduk

naberačka na polievku

spatula

stierka

pengadun

metlička

penapis

cedidlo

ayak

sitko

pemarut

strúhadlo

mortar

mažiar

barbeku

gril

pembakaran terbuka

ohnisko

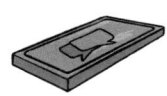

papan pencincang

doska na krájanie

pin golekan

valček na cesto

skru gabus

vývrtka

tin

konzerva

pembuka tin

otvárač na konzervy

pemegang periuk

chňapka

sinki

výlevka

berus

kefa

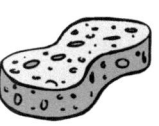

span

hubka

pengisar

mixér

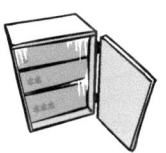

penyejuk beku

mraznička

botol bayi

kojenecká fľaša

paip

vodovodný kohútik

mandi
sprcha

pemanasan
kúrenie

tuala
uterák

mandi
sprcha

tirai mandi
sprchový záves

mandi buih
pena do kúpeľa

tab mandi
vaňa

gelas
pohár

mesin basuh
práčka

paip
vodovodný kohútik

jubin
dlaždice

tandas
nočník

sinki
výlevka

tandas
záchcd

tandas mencangkung
suchý záchod

mangkuk tandas
bidet

tandas awam
pisoá⁻

kertas tandas
toaletný papier

berus tandas
záchodová kefa

berus gigi

zubná kefka

ubat gigi

zubná pasta

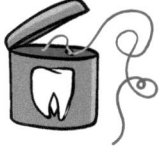

flos gigi

dentálna niť

cuci

umývať

mandian tangan

ručná sprcha

pancuran

sprcha pre intímnu hygienu

besen

umývadlo

belakang berus

kefa na chrbát

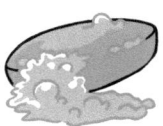

sabun

mydlo

gel mandian

sprchový gél

syampu

šampón

flanel

frotírová rukavica

longkang

odtok

krim

krém

deodoran

dezodorant

cermin

zrkadlo

cermin tangan

kozmetické zrkadlo

pisau cukur

žiletka

busa cukur

pena na holenie

selepas cukur

voda po holení

sikat

hrebeň

berus

kefa

pengering rambut

sušič vlasov

semburan rambut

sprej na vlasy

mekap

make-up

gincu

rúž

varnis kuku

lak na nechty

bulu kapas

vata

gunting kuku

nožnice na nechty

pewangi

parfum

bilik air - kúpeľňa

beg basuhan

kozmetická taška

bangku

stolček

skala berat

váha

jubah mandi

kúpací plášť

sarung tangan getah

gumové rukavice

kapas

tampón

tuala wanita

menštruačná vložka

tandas kimia

chemické WC

bilik kanak-kanak
detská izba

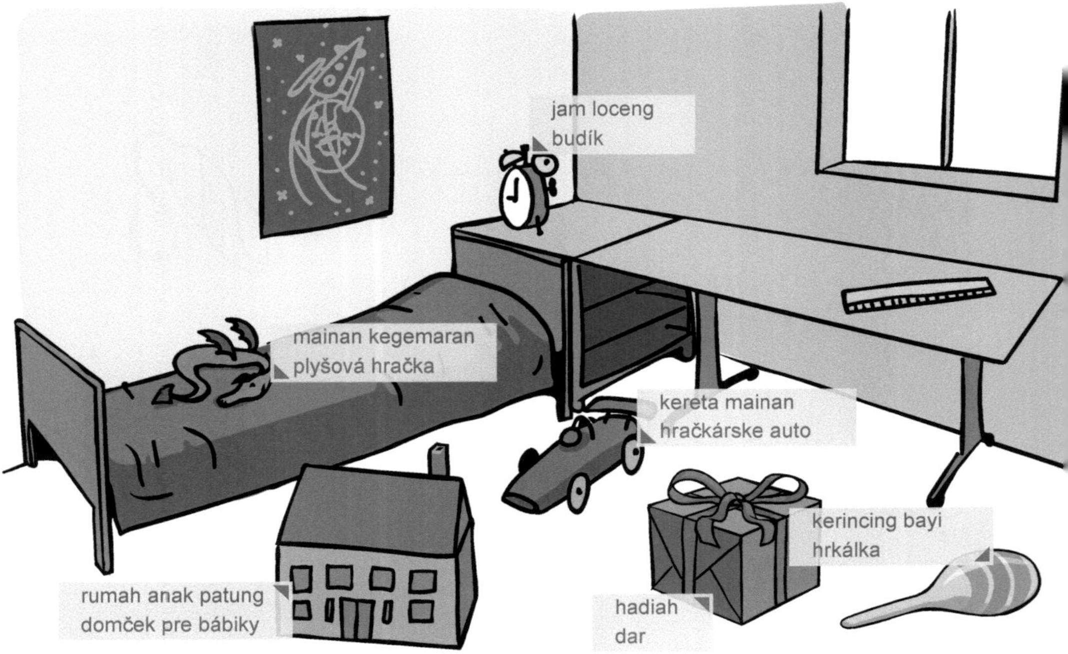
jam loceng
budík
mainan kegemaran
plyšová hračka
kereta mainan
hračkárske auto
kerincing bayi
hrkálka
rumah anak patung
domček pre bábiky
hadiah
dar

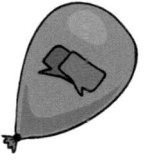

belon
balón

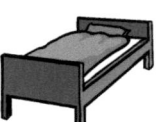

katil
posteľ

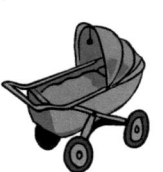

kereta sorong bayi
detský kočík

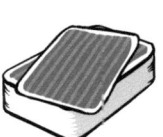

set kad
karty

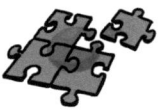

susun suai gambar
puzzle

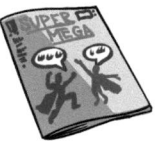

komik
komix

batu bata lego

skladačka lego

blok mainan

stavebnica

figura aksi

akčná postavička

baju bayi

dupačky

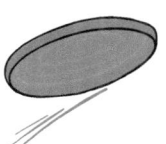

frisbee

lietajúci tanier

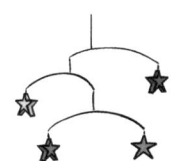

mainan bayi mudah alih

závesné hračky

permainan papan

stolová hra

dadu

kocka

set model kereta api

modelový vláčik

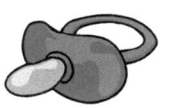

palsu

cumlík

parti

párty

buku bergambar

obrázková kniha

bola

lopta

anak patung

bábika

main

hrať sa

lubang pasir

pieskovisko

buai

hojdačka

mainan

hračky

konsol permainan video

hracia konzola

basikal roda tiga

trojkolka

anak patung beruang

medvedík

almari pakaian

šatník

pakaian
šatstvo

stoking

ponožky

stoking

pančuchy

ketat

pančuchové nohavičky

skarf
šál

payung
dáždnik

kemeja-t
tričko

g/keselamatan

but
čižmy

selipar
papuče

kasut sukan
tenisky

sandal
....
sandále

kasut
....
topánky

but getah
....
gumáky

seluar dalam
....
spodky

coli
....
podprsenka

ves
....
tielko

pakaian - šatstvo

badan
body

Seluar panjang
nohavice

jean
džínsy

skirt
sukňa

blaus
blúzka

kemeja
košeľa

baju panas sarung
pulóver

sweater
sveter

blazer
blejzer

jaket
bunda

kot
kabát

baju hujan
pršiplášť

kostum
kostým

pakaian
šaty

baju pengantin
svadobné šaty

sut
oblek

baju tidur
nočná košeľa

baju tidur
pyžamo

sari
sari

skarf kepala
šatka na hlavu

serban
turban

burqa
burka

kaftan
kaftan

abaya/jubah
abaja

baju renang
dvojdielne plavky

seluar renang
plavky

seluar pendek
šortky

sut balapan
tepláková súprava

apron
zástera

sarung tangan
rukavice

pakaian - šatstvo

butang

gombík

cermin mata

okuliare

gelang tangan

náramok

rantai leher

retiazka

cincin

prsteň

subang

náušnica

topi

čiapka

penyangkut kot

vešiak

topi

klobúk

tali leher

kravata

zip

zips

topi keledar

prilba

pendakap

traky

uniform sekolah

školská uniforma

seragam

uniforma

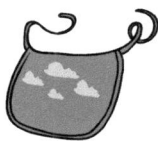

lapik dada

podbradník

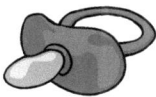

palsu

cumlík

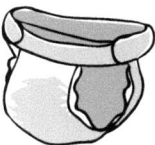

lampin

plienka

pejabat
kancelária

pelayan
server
kabinet fail
skriňa na spisy
mesin pencetak
tlačiareň
kertas
papier
monitor
monitor
meja
písací stôl
tetikus
myš
folder
zakladač
papan kekunci
klávesnica
bakul sampah
kôš na papier
komputer
počítač
kerusi
stolička

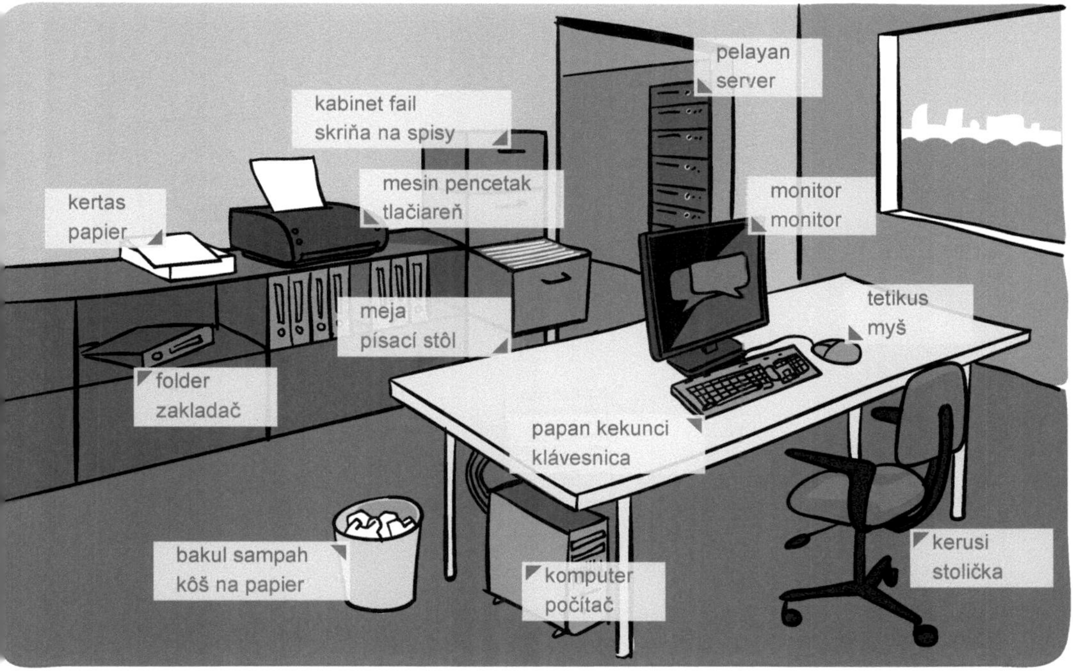

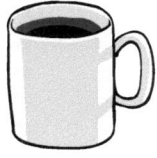

cawan kopi

hrnček na kávu

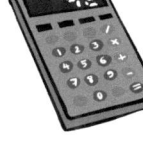

kalkulator

kalkulačka

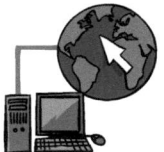

internet

internet

komputer riba

laptop

surat

list

mesej

správa

mudah alih

mobil

rangkaian

sieť

mesin fotokopi

kopírka

perisian

softvér

telefon

telefón

soket plag

elektrická zásuvka

mesin faks

fax

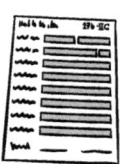

bentuk

formulár

dokumen

doklad

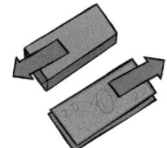

beli

kúpiť

bayar

platiť

berdagang

obchodovať

wang

peniaze

dolar

dolár

euro

euro

yen

jen

rubel

rubeľ

franc swiss

švajčiarsky frank

renminbi yuan

čínsky jüan

rupee

rupia

mata tunai

bankomat

pejabat tukaran mata wang

zmenáreň

emas

zlato

perak

striebro

minyak

ropa

tenaga

energia

harga

cena

kontrak

zmluva

cukai

daň

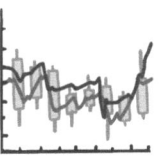

stok

akcia

kerja

pracovať

pekerja

zamestnanec

majikan

zamestnávateľ

kilang

továreň

kedai

obchod

ekonomi - hospodárstvo

pegawai polis
policajt

ahli bomba
hasič

tukang masak
kuchár

doktor
lekár

juruterbang
pilót

tukang kebun

záhradník

tukang kayu

stolár

tukang jahit

krajčírka

hakim

sudca

ahli kimia

chemik

pelakon

herec

pemandu bas

vodič autobusu

pemandu teksi

taxikár

nelayan

rybár

wanita pencuci

upratovačka

kasau

pokrývač

pelayan

čašník

pemburu

poľovník

pelukis

maliar

bakeri

pekár

juruelektrik

elektrikár

pembangun

stavebný robotník

jurutera

inžinier

penjual daging

mäsiar

tukang paip

klampiar

posmen

poštár

askar

vojak

arkitek

architekt

juruwang

pokladník

kedai bunga

kvetinár

pendandan rambut

kaderník

konduktor

sprievodca

mekanik

mechanik

kapten

kapitán

doktor gigi

zubár

ahli sains

vedec

tuhanku

rabín

imam

imám

sami

mních

paderi

farár

alat
náradie

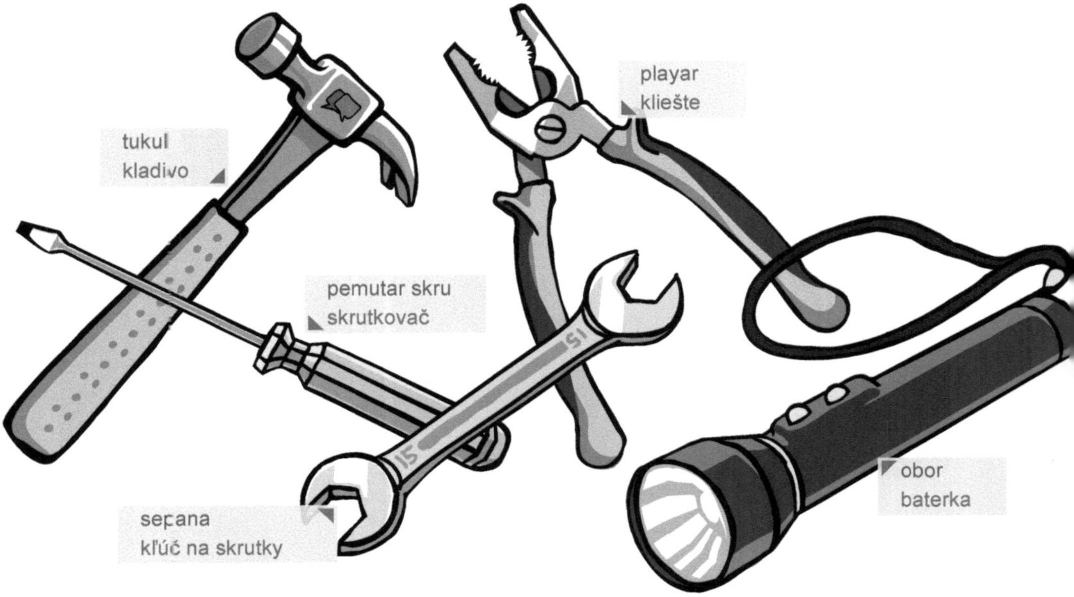

playar
kliešte
tukul
kladivo
pemutar skru
skrutkovač
sepana
kľúč na skrutky
obor
baterka

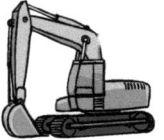

pengorek
bager

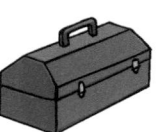

kotak peralatan
súprava náradia

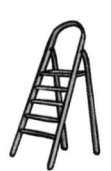

tangga
rebrík

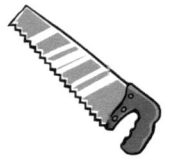

gergaji
pílka

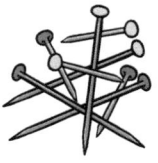

kuku
klince

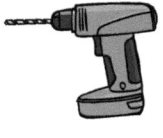

gerudi
vrták

baiki

opraviť

penyodok

lopata

Celaka!

Do čerta!

penadah sampah

lopatka na smeti

periuk cat

nádoba s farbou

skru

skrutky

alat muzik

hudobné nástroje

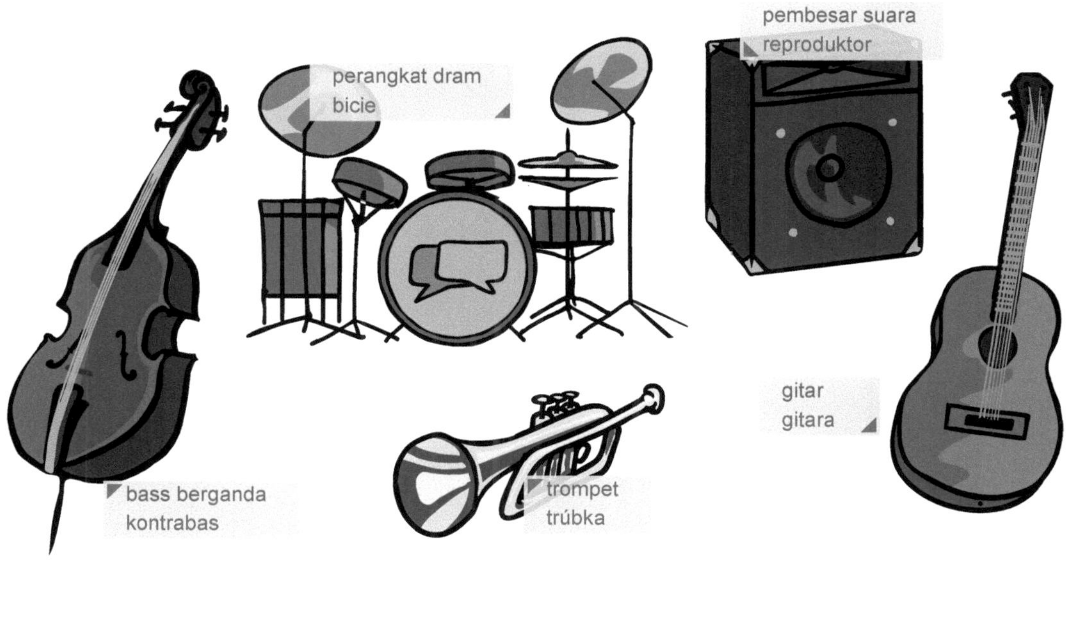

pembesar suara
reproduktor

perangkat dram
bicie

gitar
gitara

bass berganda
kontrabas

trompet
trúbka

piano

klavír

biola

husle

bass

basa

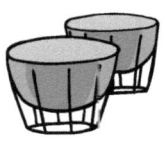

timpani

tympany

dram

bubon

papan kekunci

klávesnica

saksofon

saxofon

seruling

flauta

mikrofon

mikrofón

ZOO
ZOO

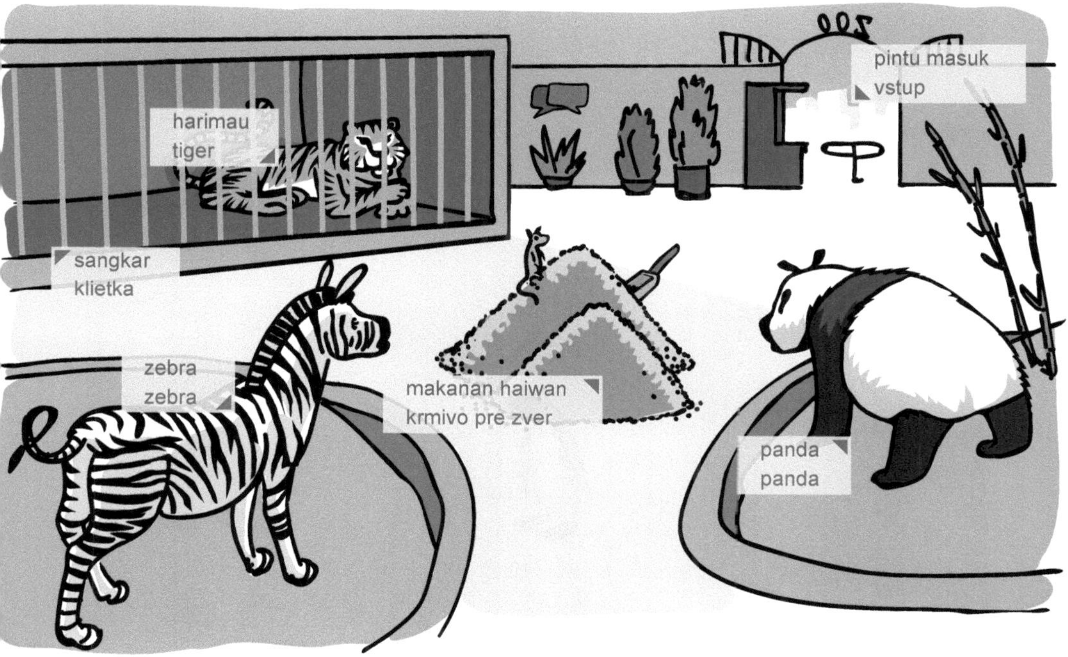

harimau
tiger
pintu masuk
vstup
sangkar
klietka
zebra
zebra
makanan haiwan
krmivo pre zver
panda
panda

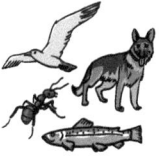

haiwan

zvieratá

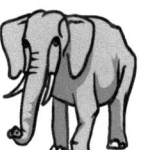

gajah

slon

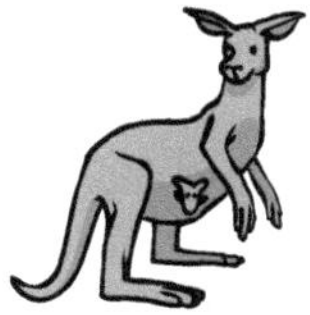

kanggaru

klokan

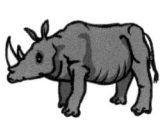

badak sumbu

nosorožec

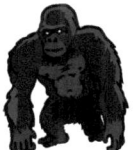

gorila

gorila

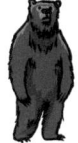

beruang

medveď

unta

ťava

burung unta

pštros

singa

lev

monyet

opica

flamingo

plameniak

nuri

papagáj

beruang kutub

ľadový medveď

penguin

tučniak

yu

žralok

merak

páv

ular

had

buaya

krokodíl

penjaga zoo

ošetrovateľ v ZOO

anjing laut

tuleň

jaguar

jaguár

kuda

poník

harimau

leopard

badak air

hroch

zirafah

žirafa

helang

orol

babi jantan

diviak

ikan

ryba

penyu

korytnačka

anjing laut

mrož

musang

líška

rusa

gazela

bola sepak Amerika
americký futbal

berbasikal
cyklistika

tenis
tenis

bola keranjang
basketbal

renang
plávanie

tinju
box

hoki ais
hokej

bola sepak
·················
futbal

badminton
·················
bedminton

olahraga
·················
ľahká atletika

bola baling
·················
hádzaná

ski
·················
lyžovanie

polo
·················
pólo

lompat
skočiť

ketawa
smiať sa

peluk
objať

menyanyi
spievať

berjalan
chodiť

mimpi
snívať

berdoa
modliť sa

cium
pobozkať

tulis
písať

lukis
kresliť

tunjuk
ukázať

tolak
tlačiť

beri
dať

ambil
brať

ada
....
mať

buat
....
robiť

ialah
....
byť

berdiri
....
stáť

lari
....
bežať

tarik
....
ťahať

buang
....
hádzať

jatuh
....
padnúť

tipu
....
ležať

tunggu
....
čakať

bawa
....
nosiť

duduk
....
sedieť

pakai
....
obliecť sa

tidur
....
spať

bangkit
....
zobudiť sa

lihat pada

pozerať

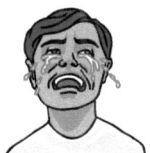

menangis

plakať

strok

hladkať

sikat

česať

cakap

hovoriť

faham

rozumieť

tanya

pýtať sa

dengar

počuť

minum

piť

makan

jesť

mengemas

upratať

sayang

milovať

masak

variť

pandu

jazdiť

terbang

letieť

belayar

plachtiť

kira

počítať

baca

čítať

belajar

učiť sa

kerja

pracovať

nikah

oženiť

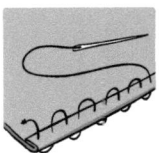

jahit

šiť

memberus gigi

čistiť zuby

bunuh

zabiť

asap

fajčiť

hantar

poslať

nenek
stará mama

datuk
starý otec

bapa
otec

ibu
mama

bayi
bábo

anak perempuan
dcéra

anak lelaki
syn

tetamu

hosť

mak cik

teta

pak cik

strýko

abang

brat

kakak

sestra

badan
telo

dahi
čelo
mata
oko
bahu
plece
jari
prst
muka
tvár
dagu
brada
tangan
ruka
kaki
noha
dada
hruď
lengan
rameno

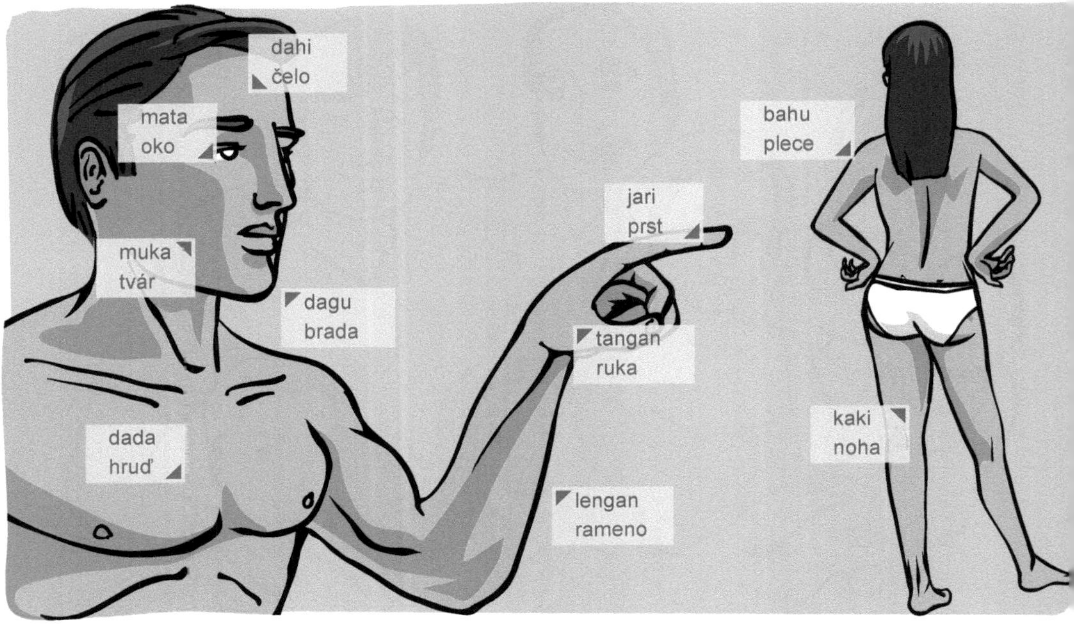

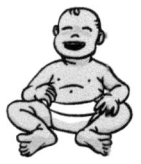

bayi
bábo

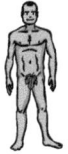

lelaki
muž

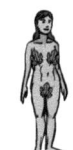

wanita
žena

perempuan
dievča

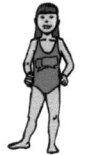

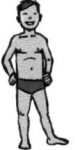

lelaki
chlapec

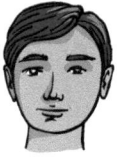

kepala
hlava

belakang

chrbát

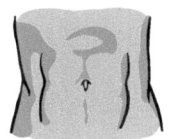

bawah perut

brucho

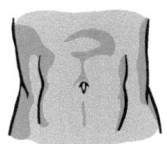

pusat

pupok

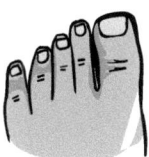

jari kaki

prst na nohe

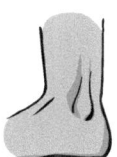

tumit

päta

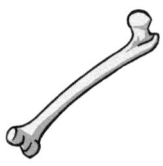

tulang

kosť

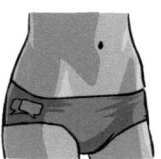

pinggul

bok

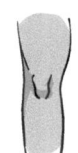

lutut

koleno

siku

lakeť

hidung

nos

bawah

zadok

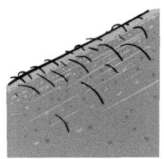

kulit

koža

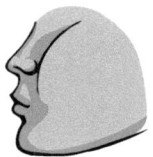

pipi

líce

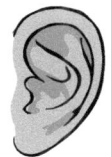

telinga

ucho

bibir

pery

mulut
ústa

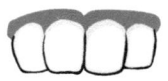

gigi
zub

lidah
jazyk

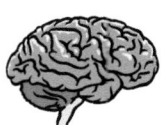

otak
mozog

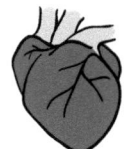

hati
srdce

otot
svaly

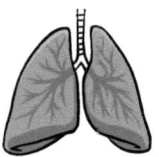

paru-paru
pľúca

hati
pečeň

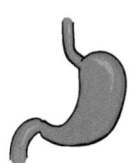

perut
žalúdok

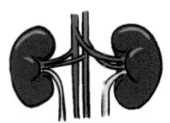

buah pinggang
obličky

seks
pohlavný styk

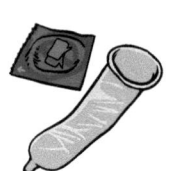

kondom
kondóm

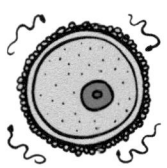

faraj
vaječná bunka

mani
semeno

mengandung
tehotenstvo

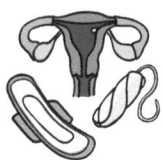

haid

menštruácia

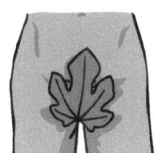

faraj

vagína

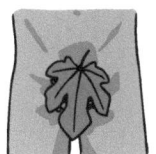

penis

penis

kening

obočie

rambut

vlasy

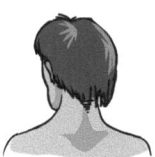

leher

krk

hospital
nemocnica

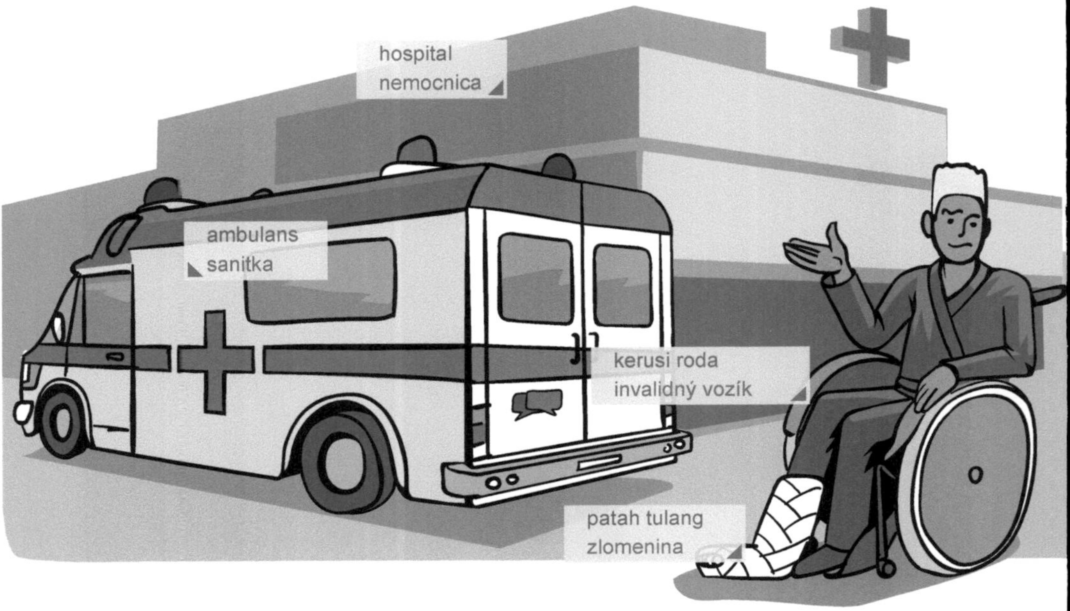

hospital
nemocnica
ambulans
sanitka
kerusi roda
invalidný vozík
patah tulang
zlomenina

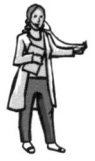

doktor

lekár

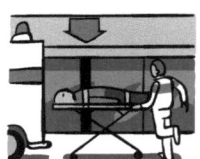

bilik kecemasan

urgentný príjem

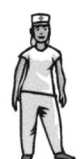

jururawat

sestrička

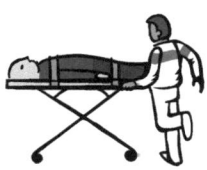

kecemasan

urgentný prípad

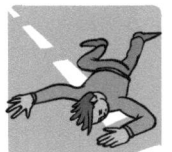

tak sedar

v bezvedomí

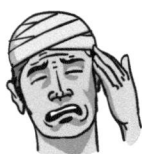

sakit

bolesť

kecederaan

zranenie

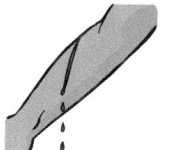

pendarahan

krvácanie

serangan jantung

srdcový infarkt

strok

mozgová porážka

alergi

alergia

batuk

kašeľ

demam

teplota

selesema

chrípka

cirit-birit

hnačka

sakit kepala

bolesť hlavy

kanser

rakovina

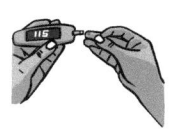

diabetes

cukrovka

pakar bedah

chirurg

pisau bedah

skalpel

pembedahan

operácia

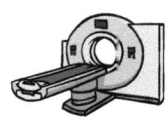

CT
CT

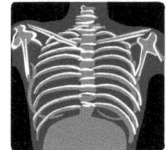

x-ray
RTG

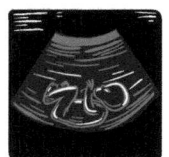

ultrabunyi
ultrazvuk

topeng muka
maska

penyakit
choroba

bilik menunggu
čakáreň

penongkat
barla

plaster
náplasť

pembalut
obväz

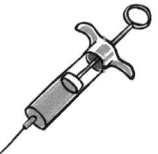

suntikan
injekcia

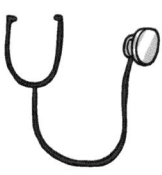

stetoskop
fonendoskop

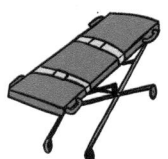

pengusung
nosidlá

termometer klinik
teplomer

kelahiran
pôrod

berat badan berlebihan
nadváha

alat pendengaran

audiofón

disinfektan

dezinfekčný prostriedok

jangkitan

infekcia

virus

vírus

HIV / AIDS

HIV / AIDS

perubatan

medicína

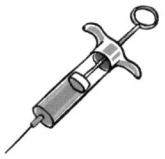

vaksinasi

očkovanie

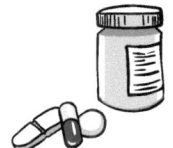

tablet

tabletky

pil

antikoncepčná pilulka

panggilan kecemasan

tiesňové volanie

pantau tekanan darah

tlakomer

sakit / sihat

chorý / zdravý

Tolong!

Pomoc!

penggera

alarm

serang

prepad

serangan

útok

bahaya

nebezpečenstvo

pintu kecemasan

núdzový východ

Api

Hor !

alat pemadam api

hasičský prístroj

kemalangan

nehoda

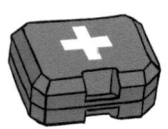

alat pertolongan cemas

kufrík prvej pomoci

SOS

SOS

polis

polícia

Eropah

Európa

Amerika Utara

Severná Amerika

Amerika Selatan

Južná Amerika

Afrika

Afrika

Asia

Ázia

Australia

Austrália

Atlantic

Atlantický oceán

Pasifik

· Tichý oceán

Lautan Hindi

Indický oceán

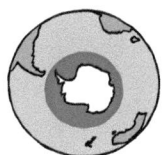

Lautan Antartik

Južný oceán

Lautan Artik

Severný ľadový oceán

Kutub utara

Severný pól

Kutub Selatan

Južný pól

Antartika

Antarktída

bumi

Zem

tanah

krajina

laut

more

pulau

ostrov

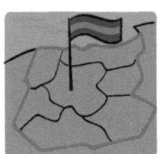

negara

národ

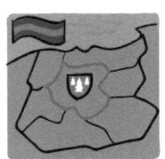

negeri

štát

muka jam

ciferník

tangan jam

hodinová ručička

tangan minit

minútová ručička

terpakai

sekundová ručička

Jam berapa sekarang

Koľko je hodín?

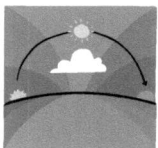

hari

deň

masa

čas

sekarang

teraz

jam digital

digitálne hodiny

minit

minúta

jam

hodina

minggu
týždeň

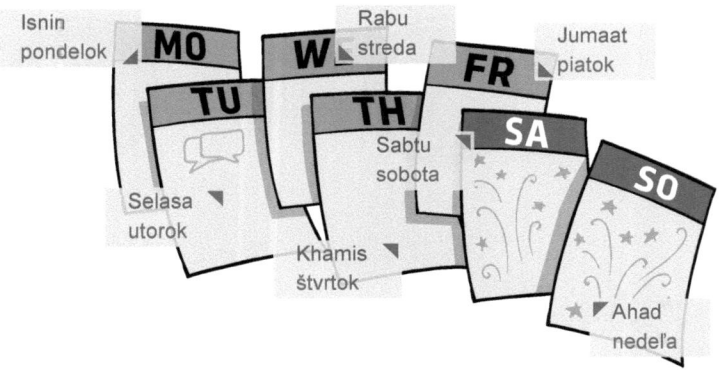

Isnin / pondelok — MO
Rabu / streda — W
Jumaat / piatok — FR
TU
TH
Selasa / utorok
Sabtu / sobota — SA
Khamis / štvrtok
SO
Ahad / nedeľa

semalam
včera

hari ini
dnes

esok
zajtra

pagi
ráno

tengah hari
poludnie

petang
večer

hari kerja
pracovné dni

hari minggu
víkend

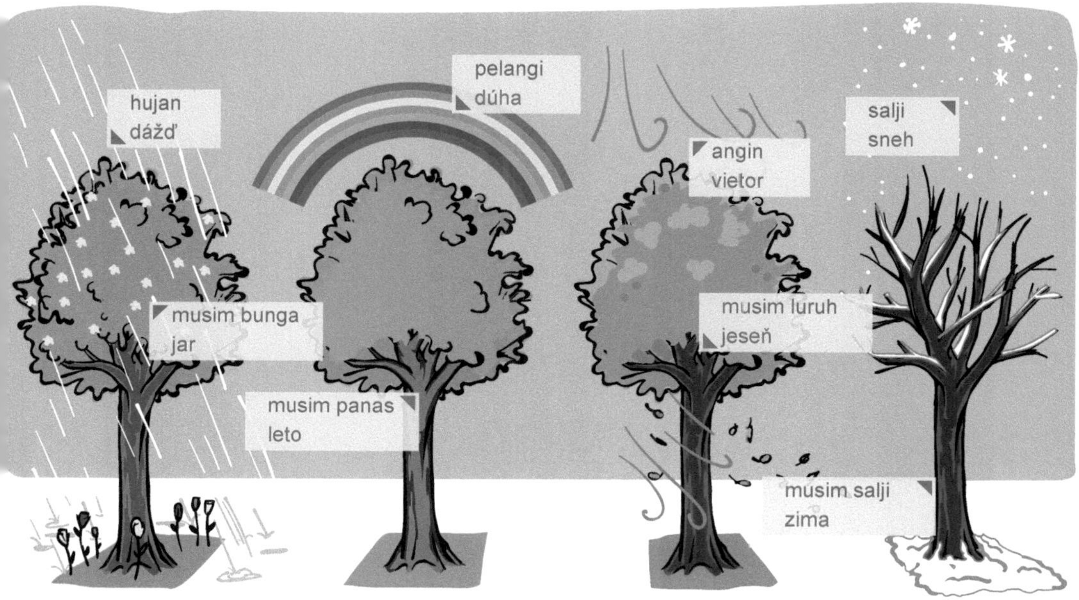

hujan
dážď
pelangi
dúha
salji
sneh
angin
vietor
musim bunga
jar
musim luruh
jeseň
musim panas
leto
musim salji
zima

4.APRIL 11°
5.APRIL 4°
6.APRIL 13°
7.APRIL 8°
8.APRIL 10°

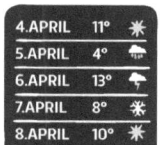

ramalan cuaca

predpoveď počasia

F C
120 40
90 30
60 20
30 10
0 0
-30 -10
-20

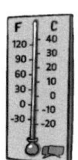

termometer

teplomer

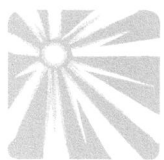

sinar matahari

slnečný svit

awan

oblak

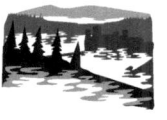

kabus

hmla

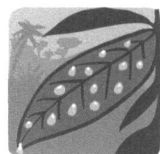

lembapan

vlhkosť vzduchu

kilat

blesk

petir

hrom

ribut

búrka

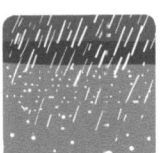

hujan batu

krúpy

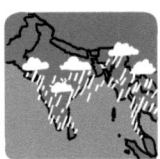

monsun

monzún

banjir

záplava

ais

ľad

Januari

január

Februari

február

Mac

marec

April

apríl

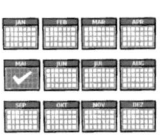

Mei

máj

Jun

jún

Julai

júl

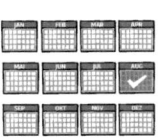

Ogos

august

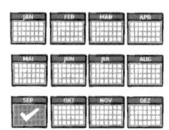

September
....
september

Oktober
....
október

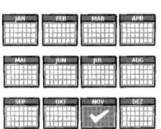

November
....
november

Disember
....
december

bentuk

tvary

bulatan
....
kruh

petak
....
štvorec

segi empat tepat
....
obdĺžnik

segitiga
....
trojuholník

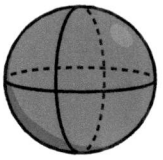

sfera
....
guľa

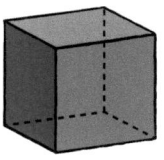

kiub
....
kocka

warna
farby

putih
biela

kuning
žltá

oren
oranžová

merah jambu
ružová

merah
červená

ungu
fialová

biru
modrá

hijau
zelená

coklat
hnedá

kelabu
šedá

hitam
čierna

banyak / sedikit

veľa / málo

marah / tenang

zúrivý / pokojný

cantik / hodoh

pekný / škaredý

bermula / tamat

začiatok / koniec

besar kecil

veľký / malý

terang / gelap

svetlý / tmavý

abang / kakak

brat / sestra

bersih / kotor

čistý / špinavý

lengkap / tidak lengkap

úplný / neúplný

hari / malam

deň / noc

mati / hidup

mŕtvy / živý

luas / sempit

široký / úzky

boleh dimakan / tidak boleh dimakan

chutný / nechutný

jahat / baik

zlostný / láskavý

teruja / bosan

vzrušený / unudený

gemuk / kurus

tlstý / chudý

pertama / terakhir

prvý / posledný

kawan / musuh

priateľ / nepriateľ

penuh / kosong

plný / prázdny

keras / lembut

tvrdý / mäkký

berat / ringan

ťažký / ľahký

lapar / dahaga

hlad / smäd

sakit / sihat

chorý / zdravý

menyalahi undang-undang / undang-undang

nelegálny / legálny

pintar / bodoh

inteligentný / hlúpy

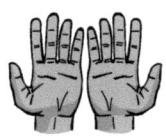

kiri / kanan

vľavo / vpravo

dekat / jauh

blízko / ďaleko

baru / lama

nový / použitý

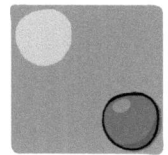

tiada / sesuatu

nič / niečo

tua / muda

starý / mladý

hidup / mati

zapnuté / vypnuté

terbuka / tertutup

otvorené / zatvorené

diam / bising

tichý / hlasný

kaya / miskin

bohatý / chudobný

betul / salah

správne / nesprávne

kasar / halus

drsný / hladký

sedih / gembira

smutný / šťastný

pendek / panjang

krátky / dlhý

lambat / laju

pomaly / rýchlo

basah / kering

mokrý / suchý

panas / sejuk

teplý / studený

berperang / berdamai

vojna / mier

0

sifar

nula

1

satu

jeden

2

dua

dva

3

tiga

tri

4

empat

štyri

5

lima

päť

6

enam

šesť

7

tujuh

sedem

8

lapan

osem

9

sembilan

deväť

10

sepuluh

desať

11

sebelas

jedenásť

12
dua belas

dvanásť

13
tiga belas

trinásť

14
empat belas

štrnásť

15
lima belas

pätnásť

16
enam belas

šestnásť

17
tujuh belas

sedemnásť

18
lapan belas

osemnásť

19
Sembilan belas

devätnásť

20
dua puluh

dvadsať

100
ratus

sto

1.000
ribu

tisíc

1.000.000
juta

milión

Bahasa Inggeris

angličtina

Bahasa Inggeris Amerika

americká angličtina

Bahasa Cina Mandarin

mandarínska čínština

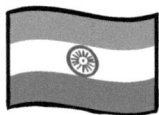

Bahasa Hindi

hindčina

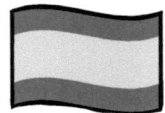

Bahasa Sepanyol

španielčina

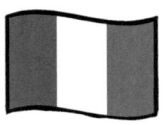

Bahasa Perancis

francúzština

Bahasa Arab

arabčina

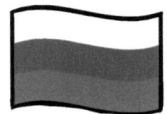

Bahasa Rusia

ruština

Bahasa Portugis

portugalčina

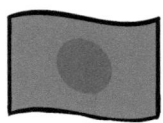

Bahasa Benggali

bengálčina

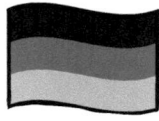

Bahasa Jerman

nemčina

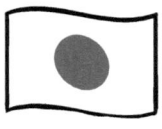

Bahasa Jepun

japončina

saya

ja

anda

ty

dia / dia / ia

on/ona/ono

kita

my

anda

vy

mereka

oni

siapa?

kto?

apa?

čo?

bagaimana?

ako?

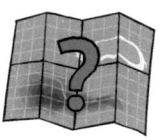

di mana?

kde?

bila?

kedy?

nama

meno

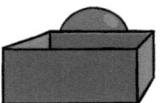

belakang

za

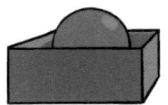

dalam

v

di hadapan

pred

lebih

nad

pada

na

di bawah

pod

bersebelahan

vedľa

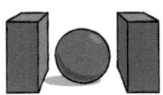

antara

medzi

tempat

miesto